AF338378

ADRESSE

Présentée à l'Assemblée - Nationale par l'Assemblée-générale des Représentans de la Commune de Paris.

Monsieur le Président et Messieurs,

Une chaîne, non-interrompue, de faits, qui se sont journellement succédés, depuis plus d'une année, atteste hautement notre civisme. Nous le dirons, parce que c'est une vérité ; sacrifices de notre temps, de nos veilles, de notre fortune, dangers même pour notre vie, rien n'a pu nous arrêter, rien n'a pu balancer notre indestructible attachement pour la Révolution.

L'estime de nos Concitoyens, est la seule récompense de tant de travaux & de tant de périls ; & on veut nous la ravir.

Nous avons eu, Messieurs, le 10 de ce mois, l'honneur de vous présenter

A

une *Pétition*. Malgré la pureté de nos intentions, dont il eſt impoſſible de douter, des hommes, qui n'ont ni lu ni entendu cette Pétition, l'ont dénaturée pour avoir le prétexe de nous déchirer dans leurs Ecrits: quelques Sections, qui n'en ont pas eu plus de connoiſſance, nous déſavouent, avec des expreſſions injurieuſes : le Conſeil de Ville), qui n'eſt pas mieux inſtruit, à moins que ſes Membres n'ayent délibéré avec nous, ſelon leur droit & leur uſage, prend un *Arrété*, dans lequel il affecte une ſupériorité, & invoque des principes inconnus juſqu'à ce jour. Pour donner plus de poids à ces déſaveux & à cet Arrêté, on vous les fait préſenter par le Chef de la Municipalité. Tout ſemble ſe réunir pour tenter de nous imprimer la tache odieuſe d'ennemis du bien public. Pourrions-nous garder le ſilence dans une poſition où notre honneur eſt intimement lié avec les plus grands intérêts de la Commune de Paris ?

Qu'avons-nous voulu faire, & qu'avons-nous fait ?

Il ne s'agit, dans notre Pétition, que

des impofitions indirectes ; c'eft-à-dire des droits d'entrées fur les confommations de la Capitale. Nous n'en avons point demandé la fuppreffion, comme on nous l'à fauffement imputé. Nous n'avons pas demandé qu'ils fuffent même modérés dans le fyftême actuel des finances publiques ; toutes nos vues ont porté fur l'organifation future de l'impofition ; & c'eft uniquement pour elle que nous avons préfenté à l'Affemblée-Nationale des faits & des principes que nous ofons dire ne pouvoir être méconnus par aucun patriote éclairé.

Sans doute il feroit dangereux de propofer, dans la crife actuelle, une diminution des droits d'entrée, qui pût produire l'effet d'appauvrir le Tréfor-Public. Il ne faut qu'aimer la Révolution, pour fe garantir d'une pareille erreur.

Mais, en même temps, il exifte des faits certains, des principes inconteftables, qui doivent influer fur la nouvelle organifation des impofitions indirectes de la Capitale. Les préfenter à l'Affemblée-Nationale, c'eft le droit de tout

Citoyen, & c'étoit le devoir des Repréfentans de la Commune.

Il fe fait, à Paris, une contrebande
immenfe : les chofes font portées à un
tel point, que des Compagnies d'affû-
rances, pour un prix très-inférieur aux
droits d'entrées, font parvenir en fraude,
foit dans les Magafins des Marchands,
foit dans les Maifons des Particuliers, les
denrées qui font affujetties à la plus forte
taxe. Il n'eft pas néceffaire d'entrer dans
le détail des inconvéniens, & même des
crimes qu'entraîne la contrebande, pour
prouver qu'elle diminue notablement la
recette du Tréfor-Public. Des Négocians
inftruits affûrent que, fans la contrebande, la perception doubleroit.

Depuis que l'efprit fifcal a imaginé
des droits fur les confommations & fur
les matières premières de l'Induftrie,
l'expérience prouve qu'il eft phyfique-
ment impoffible d'empêcher la fraude fur
les objets foumis à une forte impofition.
Qu'on environne nos villes des plus hautes
murailles, qu'on occupe à leur garde d'in-
nombrables armées, le fraudeur franchira

les murailles, éludera les fentinelles; &,
malgré les efforts de la furveillance la
plus intéreffée & la plus active, on comp-
tera toujours un grand nombre de Con-
trebandiers, tant qu'il exiftera un grand
intérêt à faire la contrebande.

Un fecond inconvénient des impofitions indirectes exceffives fur les confommations, c'eft de priver le Citoyen indi-
gent de l'ufage des denrées & des chofes
qui font le plus néceffaires, & de forcer
le Citoyen aifé à n'en ufer que très-
économiquement. L'impofition indirecte
trop forte met donc obftacle à la confommation, & porte fa fâcheufe influence
jufques fur le premier Propriétaire des
denrées.

Mais qu'on modère fur les denrées
de première néceffité, les droits d'entrée dans les Villes, on anéantira la
contrebande, on doublera la confommation, on enrichira le Tréfor-Public;
& , en l'enrichiffant, on répandra un bien-
fait inappréciable fur les nombreufes claffes
des Citoyens indigens & peu aifés; on
imitera l'Angleterre, qui a augmenté fes

revenus, en diminuant les droits d'entrées fur les thés. Voilà le principal objet, le point de vue capital de notre Pétition ; voilà ce que nous avons fupplié l'Affemblée - Nationale de prendre en confidération, dans le nouvel ordre de chofes qu'elle va établir pour les impofitions.

Quel eft celui d'entre nous qui ignore que le revenu foncier de la Ville de Paris n'eft que de cent mille livres, & qu'elle retire environ quatre millions quatre - cents mille livres des octrois ou droits d'entrées : or, comment a-t-on pu fuppofer que nous ayons voulu anéantir les revenus de la Commune, en demandant la fuppreffion des impofitions indirectes ? Comment eft - il poffible qu'une imputation auffi abfurde ait pu être accréditée pendant un feul iuftant ?

Obtenir, au moins, les mêmes produits, anéantir la contrebande, doubler la confommation, au grand avantage de tous les Citoyens ; voilà, en trois mots, l'objet de notre Pétition.

Mais, dit-on, nous fommes entrés dans de trop grands détails ; nous avons parlé du rachat des boues & lanternes, de la folde des Compagnies du centre de la Garde Nationale Parifienne, &c.

Nous fommes entrés dans des détails, cela eft vrai ; mais peut-on traiter fans quelques détails de fi grands intérêts ? Tout ce que nous avons foumis, en cette partie acceffoire de notre Pétition, à la fageffe de l'Affemblée-Nationale, nous avoit été préfenté, & a été imprimé dans les *Comptes-Rendus par nos Départemens des Impofitions & du Domaine*. Nous avions donc recueilli, à cet égard, les lumières de l'Adminiftration, &, par conféquent, d'une partie notable de ce Confeil de Ville, qui prétend fe faire aujourd'hui un mérite de n'avoir point concouru à notre Pétition, & une gloire de la défavouer.

On eft allé jufqu'à contefter la légalité de notre Affemblée ; qu'on brûle donc les Mandats des foixante Sections qui nous ont inveftis des Pouvoirs que nous exerçons depuis plus d'une année ; qu'on déchire donc du nouveau Code les Décrets qui ont confirmé notre exiftence, qui l'ont perpétuée jusqu'à l'entière organisation de la Municipalité définitive, & qui nous commettent pour recevoir son serment ; qu'on dise donc à l'Assemblée-Nationale qu'elle n'auroit pas du accorder, sur nos Petitions, la Loi provisoire sur la Procédure Criminelle, l'établissement d'un Tribunal pour connoître des crimes de lèse-Nation, la Loi martiale, la suspension de l'exécution des Jugemens Prevôtaux, & tant d'autres Décrets d'une importance majeure ; qu'on lui dise donc qu'elle n'auroit pas du assister, d'après notre invitation, à ces augustes Cérémonies, où nous avons appellé la Religion, pour fortifier, de plus en plus, les liens que le civisme avoit déjà formés entre tous les Citoyens de Paris ; qu'on lui dise donc qu'elle ne devoit ni reconnoître ni accueillir ce Comité de Recherches, la terreur des ennemis de la Patrie, qui nous doit son existence, qui est notre ouvrage & notre gloire, qui n'est qu'une émanation de notre Assemblée, & qui se fait un devoir de nous rendre compte de ses opérations ; dont tous les Membres votent

& délibèrent, tous les jours, avec nous, comme ils correspondent habituellement avec le Comité de Recherches de l'Assemblée-Nationale.

On nous accuse ensuite d'avoir excédé nos Pouvoirs; ce qui est avouer que nous en avons, & par conséquent que nous existons légalement; nous aurions du rapporter l'adhésion des Sections, & nous ne l'avons pas fait.

Nos Pouvoirs ne sont point illimités, nous en convenons. Il est des objets sur lesquels, dans l'état provisoire où nous sommes, nous ne pouvons rien, sans l'adhésion de nos Commettans : mais il en est d'autres sur lesquels nous pouvons tout, sans eux; autrement nous ne serions plus une Assemblée de Représentans. S'agit-il de faire contracter un grand engagement à la Ville de Paris, de statuer sur une proposition importante sur laquelle les opinions soient divisées, alors nos Pouvoirs sont limités : nous-nous sommes toujours fait un devoir de le reconnoître; nous ne citerons ici que nos Arrêtés sur le Département de Paris, sur l'état civil des

Juifs, & fur la Fédération de la Bretagne & de l'Anjou, que nous avons envoyés aux foixante Diftricts, avant de les préfenter à l'Affemblée-Nationale.

Mais, s'agit-il d'un bien évident, d'une chofe qui n'engage en rien la Commune, & fur laquelle il ne peut y avoir diverfité d'opinions, alors nous pouvons, nous devons agir par nous-mêmes. C'eft ainfi que nous avons obtenu plufieurs Décrets importans, fans aucune réclamation des Sections, qui n'avoient pas été confultées. C'eft ainfi que le feul Bureau-de-Ville a obtenu le Réglement provifoire de Police.

Appliquons ces principes à notre dernière Pétition. Elle ne tend point à faire contracter aucun engagement à la Commune de Paris; elle n'eft point fufceptible de diverfité d'opinions. Eft-il un Citoyen qui ne défire voir ceffer la contrebande ? voir la claffe indigente infiniment foulagée; voir la confommation doublée, & le Tréfor National & Municipal faire, au moins, la même quotité de recette? Quand nous avons présenté ce vœu à l'Assemblée-Nationale, pour le prendre en considération, dans l'organisation prochaine des impositions indirectes, nous avons donc certainement présenté le vœu de toute la Commune; nous n'avons donc point excédé nos Pouvoirs.

Cependant il est bon qu'on sache que notre zèle a été excité par une Délibération formelle du District de S.-Etienne-du-Mont, imprimée & envoyée à tous les Districts, & que cinq d'entre eux y ont adhéré: nous n'avons pas du prendre le silence des autres pour une réclamation.

On nous a encore objecté que le Maire n'étoit pas à la tête de notre Députation. Nous répondrons que souvent M. Bailly a présidé nos Députations; que souvent elles ont été reçues & accueillies sans lui; que toujours nous avons désiré qu'il en fût le Chef; &, sans nous permettre de plus amples détails, nous ajouterons que l'absence, ou forcée ou volontaire, d'un Maire ne peut frapper de nullité & de paralysie l'Administration ou l'Assemblée-

générale des Repréfentans d'une Commune.

Enfin on nous reproche d'avoir choifi,
pour préfenter notre Pétition, un moment
peu favorable, même dangereux.

Nous remarquerons, d'abord, que ce
reproche fuppofe que nous avons raifon
au fond, & que nous n'avons péché que
dans la forme. Nous remarquerons enfuite
que le reproche eft contradictoire en lui-
même ; car, fi nous ne nous fommes pas
trompés fur le fond, c'eft que notre de-
mande ne porte point fur la fuppreffion
des impofitions indirectes ; c'eft qu'elle
n'a pour but que de faire adopter,
pour la nouvelle organifation de la con-
tribution Nationale, un mode plus facile
à fupporter, & au moins auffi productif.
Où peut être alors le danger de préfenter
une Pétition foumife & refpectueufe, qui
renferme de pareilles vues? Voit-on dans
cette Pétition le plus léger rapport avec
le refus criminel de payer les impofitions actuellement exiftantes.

Notre démarche n'a point été préci-
pitée ; deux mois s'étoient déjà écoulés

depuis que le Diſtrict de S.-Etienne-du-Mont avoit pris, & envoyé ſa Délibération ; nous ne pouvions la différer. Nous ſavions que le Comité des Impoſitions touchoit au terme de ſon travail ; que bientôt ce travail ſi déſiré alloit être préſenté, diſcuté, décrété ; falloit-il attendre que cette opération fût entièrement conſommée, pour fixer l'attention de l'Aſſemblée-Nationale ſur des objets auſſi intéreſſants pour la Ville de Paris ?

Vous connoiſſez actuellement, Meſſieurs, les principes, les vues, le grand objet de notre Pétition. Nous vous l'avons préſentée avec d'autant plus de confiance, qu'elle ne peut altérer la ſoumiſſion de la Ville de Paris à tous vos Décrets, ni ſon inébranlable réſolution de continuer de marcher de ſacrifices en ſacrifices au terme heureux de la Conſtitution. Nous ſavons encore, que ſi notre patriotiſme pouvoit nous laiſſer tomber dans une erreur, la pureté de nos intentions la rendroit excuſable, comme votre profonde ſageſſe la diſſiperoit bientôt. Nous n'avons donc mérité, ſous aucun rapport, l'inſuportable qualification *de mauvais Citoyens*, qu'on s'acharne à nous prodiguer depuis trois femaines

Nous, de mauvais Citoyens ! Ah ! Meffieurs, c'eft de vous-mêmes que nous avons reçu, cent fois, les témoignages honorables de notre civifme. Nous n'avons pas tout-à-coup changé de fentimens & de conduite ; nous n'en changerons jamais. L'Affemblée-générale des Repréfentans de la Commune de Paris a donc toujours les mêmes droits à votre eftime & à votre confiance.

EXTRAIT des Délibérations de l'Affemblée-Générale des Repréfentans de la Commune de Paris.

Du Jeudi 19 Août 1790.

L'ASSEMBLÉE, après avoir entendu la lecture de la rédaction de la nouvelle *Adreffe à l'Affemblée - Nationale*, arrêtée dans fes précédentes Séances, l'a adoptée à l'unanimité, & arrêté qu'elle feroit portée à Monfieur le Préfident de l'Affemblée-Nationale par trois Commiffaires, qui feront fpécialement chargés de le prier d'en faire donner lecture à l'Affem-blée Nationale, foit par un de Meffieurs fes Secrétaires, foit par la voie de fon Comité de Rappotts. Que la Pétition préfentée, le 10 de ce mois, ainfi que la Délibération du Diftrict de S.-Etienne-du-Mont, & les Comptes-Rendus par les Départemens du Domaine & des Impo-fitions de la Ville de Paris, feroient jointes à la nouvelle Adreffe, & que Monfieur le Préfident de l'Affemblée-Nationale feroit, en outre, prié de faire paffer au Comité des Impofitions la Pé-tition du 10 Août.

Et, pour l'exécution du préfent *Arrêté*, l'Affemblée a nommé M. Lablée, Admi-niftrateur, & MM. Coufin & Bertolio, tous trois Membres de l'Affemblée-géné-rale des Repréfentans de la Commune.

Signé, *l'Abbé* FAUCHET, *Préfident.*

Demars, *Bonneville*, *Letellier*, *Balin*, *Defprez*, Secrétaires.

Copie de la Lettre de M. d'André, Président de l'Assemblée Nationale, à M. Vincendon, Président de l'Assemblée Générale des Représentans de la Commune.

M. le Président de l'Assemblée Nationale prie MM. les Représentans de la Commune, de lui faire sçavoir l'objet de leur Députation.

Paris le 9 Août 1790.

Délivrée conforme à l'original.

Signé, *Ballin*, Secrétaire.

Au bas est écrit, M. le Président des Représentans de la Commune de Paris.

Copie de la Lettre de Monsieur le Président de l'Assemblée Nationale, au Président de l'Assemblée des Représentans de la Commune de Paris.

M. le Président de l'Assemblée Nationale, renvoye à Monsieur le Président des Représentans de la Commune de Paris, l'Adresse qu'il lui a fait passer, & il le prévient que leur Députation sera admise, ce soir, à la Barre,

Signé, *d'André*, Président.

A Paris, ce 10 Août 1790.

Pour Copie conforme à l'original

Signé, *Letellier*, Secrétaire.

Au bas est écrit, M. le Président des Représentans de la Commune de Paris.

De l'Imprimerie de LOTTIN l'aîné & J. R. LOTTIN, Imprimeurs-Libraires-Ordinaires de la Ville. 1790.

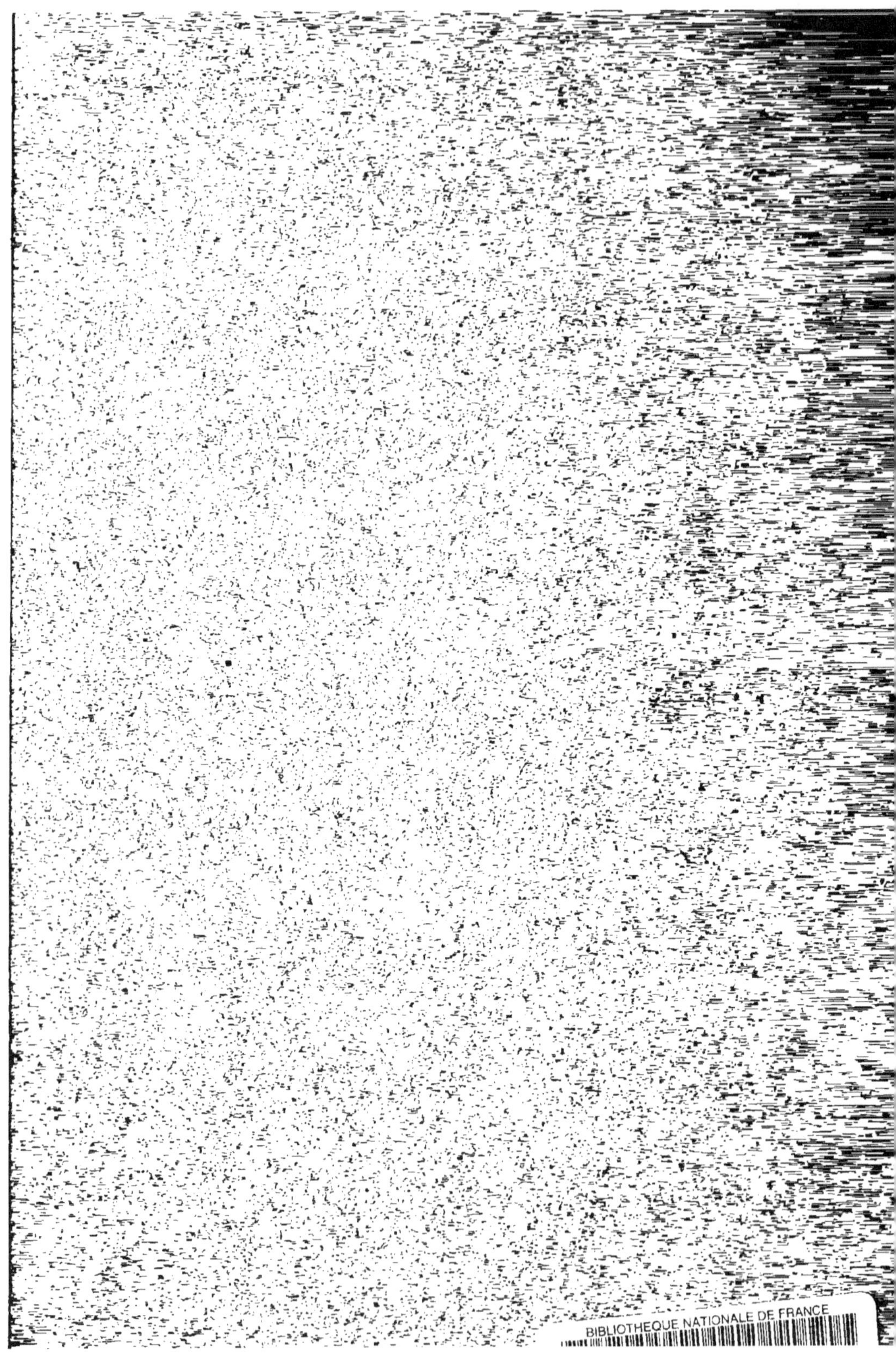